흔들려야 꽃이 핀다

기영석 제3시집

시음사
시사랑음악사랑

시인의 말

삶은 언제나 예측할 수 없는 파도와 같았습니다.

평온을 기대할수록 더 높게,
더 거세게 밀려오는 흔들림 속에서
나는 수없이 넘어지고,
또 다시 일어서며 길을 걸어왔습니다

눈물의 강을 건너야 했던 날도 있었고
고독의 벽 앞에 홀로 서야 했던 순간도 있었습니다

그러나 돌이켜보니 그 모든 흔들림은
나를 더욱 단단히, 더욱 깊이 뿌리 내리게 해주었습니다

넘어진 자리마다 작은 씨앗이 심어졌고
시간은 그 씨앗을 조용히 꽃으로 피워 주었습니다

그제야 깨달았습니다
꽃은 흔들림 속에서야 비로소 피어난다는 것을.

제1시집 《말하지 않아도 다 알아요》
제2시집 《세월을 탓하지 말자》에 이어
이제 제3시집 《흔들려야 꽃이 핀다》를
독자 여러분께 내놓습니다

이 시집은 흔들림 속에서 얻은 깨달음과
그 속에서 피어난 마음의 꽃들을 모아 엮은 기록입니다

삶의 무게에 지쳐 잠시 멈춘 이들에게는 위로가,
흔들리는 길 위에 선 이들에게는 다시 일어설 용기가
되기를 소망하며 썼습니다

부디 이 책을 펼친 당신의 가슴에도
한 송이 꽃이 은은히 피어나
따스한 향기와 빛으로 오래 머물기를 바랍니다.

2025년 가을 어느 날
시인 **기영석**

- 목차

- 목차

QR코드 스마트폰으로 QR 코드를 스캔하면
시노래와 시낭송을 감상할 수 있습니다

시노래 : 기억 지우개

시노래 : 가라면 가야지

시노래 : 니가 왜 그래

시노래 : 나는 울었어

시노래 : 꽃처럼

시노래 : 내가 어때서

시노래 : 풍양 아지매

시노래 모음

제목 : 흔들려야 꽃이 핀다
시낭송 : 박영애

제목 : 햇살
시낭송 : 최명자

제목 : 삶에도 눈물이 있더라
시낭송 : 박남숙

제목 : 그루터기
시낭송 : 조한직

제목 : 인동초 사랑
시낭송 : 최명자

제목 : 마음의 여백
시낭송 : 박영애

제목 : 잔디 위의 작은 별
시낭송 : 박영애

제목 : 청보리밭
시낭송 : 박영애

제목 : 농부의 마음
시낭송 : 박영애

제목 : 정상에 서면
시낭송 : 박영애

제목 : 친구야, 고맙다
시낭송 : 박영애

본문 시낭송 모음

영상은 YouTube 정책 또는 운영 관리에 따라 삭제될 수도 있습니다.

시인은 자연을 이야기하고 시낭송가는 자연을 품었다
글자는 날개를 달아 언어로 날고 소리는 자연에 눕는다

잠이 글을 쓴다

눈을 떴는데도 밤은 까맣다
눈을 감으니 더 까맣다
밤은 까매져야 하는가 보다

잠은 왜 안 올까
머릿속 어렴풋이
스쳤다가 지나가는 잡생각들

날씨가 추워서일까
모두가 이불 속으로 들어와
팔을 베고 누워 있다

눈을 감고 잠을 청하지만
잠은 통 오지를 않네
오지 않는 잠은 글을 쓴다.

물처럼

한 방울 빗물이 모여
투명한 길을 열고
도랑을 적신다

작은 흐름이 어깨를 맞대어
냇물 되어
강으로 이어지고

강은 끝내 고개 숙이며
아래로만 흘러
바다에 이르러 푸른 상처가 되지

흐르는 물은 말한다
위를 향하지 말고
낮은 곳을 바라보며 살아가라고.

흔들려야 꽃이 핀다

잔잔한 호수는
결코 삶이 아니었다

거친 파도에
온몸이 부서지고
휘청거리며 앞으로 나아가는
그 바다가 내 삶이었다

숱한 밤이 넘어져
다시 일어서던 용기가
내 안의 꽃을 피워냈다

흔들리지 않고 피는 꽃은 없다

바람에 흔들리며
더 단단해지는 나무처럼

그 모든 아픔이
내 삶의 꽃을 물들였다

그러니 흔들려라
그래야 아름다운 꽃이 될 테니.

제목 : 흔들려야 꽃이 핀다
시낭송 : 박영애
스마트폰으로 QR 코드를 스캔하면
시낭송을 감상할 수 있습니다

10

회한

마음은 문을 열었지만
입술은 닫혀 버렸다
나는 끝내 거절하지 못했지

끊어야 할 실을 알면서도
한 올의 연민에 묶여
스스로를 옭아매고 말았어

불현듯 찾아온 그림자처럼
돌이킬 수 없는 회한이
내 어깨 위에 내려앉아

세월은 강물처럼 흘러가고
계절은 꽃잎처럼 바뀌어도
쉽게 지워지지 않는 흔적

세상은 늘 날 선 칼날로
나를 시험하고
나는 그 위에서 조용히 흔들리네.

각시붓꽃

산자락 소나무 아래
보랏빛 한 자락이
수줍은 새색시처럼 고개를 숙이고

잎 사이로 피어난 꽃송이들은
햇살을 담은 유리구슬처럼
은은하게 빛난다

봄바람이 스며든 숨결 속에서
각시붓꽃은
마음 깊은 곳으로 온기를 흘리며

수줍게 고개 숙인 꽃송이는
신비로운 비밀을 품고
조용히 나를 바라본다.

햇살

소나무 가지 사이로
빗금의 햇살은 눈을 부시고
가지마다 매달린 바람
가을을 부르는데

삭정이 부러지는 소리에
산비둘기 푸드덕
놀란 듯이 날갯짓 한다

허공에 저마다의 길 따라
햇살을 등에 지고
배 채우려 빠르게 날아간다

햇살 그리운 풀잎마다
이슬방울 반짝이고
밤새운 대지는 생기를 찾는다.

 제목 : 햇살
시낭송 : 최명자
스마트폰으로 QR 코드를 스캔하면
시낭송을 감상할 수 있습니다

참 같잖은 인생

덧없는 세상 속
그늘에 조용히 숨 쉬며
뿌리를 내린 작은 새싹처럼

봄바람에 흔들리는 너의 날갯짓은
하늘 높은 줄 모르고 날뛰는가

한때는 여린 손길로
햇살을 간절히 빌던 너였건만
이제는 바람마저 삼킬 듯
거만히 고개를 쳐들었구나

은혜라는 이름의 비가
말없이 적셔 주던 땅 위에서
덧없는 허공만을 향해 뛰는 모습
참으로 가엾고 어리석구나

언젠가 너의 하늘에도
먹구름이 고여
바람 한 줄기에도 휘청거릴 날이 올 것을 아는가?

발밑 흙이
누구의 손길로 단단해졌는지
그저 잊은 채 서 있구나.

먹고 죽을 돈도 없다

어릴 적 그날들
어머니 말씀은
가슴속 샘물처럼 스며
메마른 마음을 적셔 주었습니다

공납금 통지서를 손에 쥐고
조금이라도 깎아 주시던
부모님의 손은
무거운 삶의 강물을 떠안은 듯했습니다

희망을 놓지 않던 그 눈빛은
빛바랜 흑백사진 속
묵묵히 빛나는 별이었고

오늘처럼 찬 바람이 부는 날이면
그때의 골목 그 시절의 집
부모님의 온기가
얼어붙은 내 마음의 강을 녹입니다

살아낸 날들의 흔적이
흐르는 강물처럼 내 안에 남아
조용히 속삭입니다
"먹고 죽을 돈은 없어도,
사랑은 늘 충분했노라."

나의 1번 휴대폰

너 없는 하루는
태엽 잃은 시계처럼
시간조차 길을 잃는다

손바닥 위의 작은 우주
그 속에서 가족의 숨결과
벗들의 웃음이 별빛처럼 반짝인다

먼 길에 오르면
너는 길잡이 별이 되어
낯선 어둠을 밝혀 준다

너의 깊은 강 속에는
추억의 꽃잎이 흩날리고
영상의 물결이 쉼 없이 흐른다

이제 너는 단순한 도구가 아니라
내 심장 속 맥박을 대신 뛰는
현대의 첫 번째 심장이다.

기억 지우개

부서진 달빛 조각이
내 손끝에 흩어지면
어제의 꿈도, 서러운 기억도
바람결에 풀려나네

잿빛 구름이 얹힌 마음 위로
하얀 지우개가 스며들어
눈물의 얼룩, 한숨의 그림자
조용히 녹여 보내네

기억 지우개야
내 가슴을 비춰 다오
아픈 상처, 남은 흔적까지
별빛으로 흩어 다오

봄 햇살 젖은 가지 끝에
웃음이 새처럼 피어나게
그날의 슬픔과 두려움도
향기로 사라지게 해 다오

기억 지우개야
내 사랑도 데려가 다오
남은 흔적 흩어져 사라지면
내 마음도 새벽이 되리라.

제목 : 기억 지우개
스마트폰으로 QR 코드를 스캔하면
시노래를 감상할 수 있습니다

동창회

흩어진 세월 속
오늘 우리는 강물처럼 모여
손을 맞잡고 안부를 묻는다

세월의 바람에 흔들린 얼굴에도
웃음은 봄꽃처럼 피어나
잠깐의 만남을 따스하게 비춘다

망설이는 마음속 아쉬움은
저녁노을처럼 길게 드리워지고
다음의 약속은 작은 별이 된다

미래를 점칠 수 없는 현실 속에서도
서로의 건강과 행복을
조용히 기억의 강물 속에 담는다.

여수 밤바다

바다 위 달빛이 고요히 흐른다
은빛 물결 위로
파도가 속삭이며 마음을 적신다

바람은 모래 위에
별을 흩뿌리고
밤의 숨결을 조용히 전한다

갈매기 없는 하늘 아래
고요는 내 마음을 감싸안고
기억은 파도에 씻겨 잔잔히 남는다

멀리 등대 불빛
희망처럼 깜박이며
어둠 속 길을 비춘다

밤바다 속에서
지난날의 꿈과 오늘의 생각이
조용히 서로를 스치며
가슴 한편에 온기를 남긴다.

탑정호 출렁다리

아침 안개가 호수 위를 스미며
은빛 숨결이 마음속으로 번지고
기억의 조각들이 살며시 춤춘다

더위에 달궈진 몸
땀방울은 햇살 속 별이 되어
출렁다리 위를 흘러간다

16년 세월
함께 걸어온 그림자들이 다리를 흔들고
웃음과 힘듦이 얼굴에 스며든다

남은 시간은 호수처럼 깊고 고요하여
후회 없는 발걸음으로
내일의 그림자를 길 위에 남긴다

오늘의 순간은
출렁이는 은빛 조각 속에
내 마음 한편에 조용히 새겨진다.

다 이유가 있을 거야

사랑은 멈추지 않는 강물
너의 웃음은 햇살 부서진 파편
그 안에 숨어 흐드러진 꽃잎 같은 기쁨

너의 눈물은 달빛 어린 호수
말 못 할 사연이 은빛 물결로 번지고
그리움은 밤하늘에 흩뿌려진 별빛처럼 떨린다

지키지 못한 약속은 바람의 등에 실려
밤새 뒤척인 마음은 고요한 파문이 되고
사랑은 기다림을 모르는 별로 타오른다

이 순간 가장 따스한 마음으로
너에게 닿는 길을 찾아 나서며
우리 함께 웃을 내일을 꿈꾼다.

오월을 보내며

초록빛 짙어가는 숲의 침묵으로
소리 없이 스며드는 시간

햇살은 뜨겁게 대지에 머물고
여전히 속삭이는 바람은
여름의 잎사귀마다 배어 있다

오월은 갓 태어난 아이처럼
순수한 설렘과 뜨거운 생명력으로
다가올 계절을 준비하는 듯

밤하늘 가득 수놓은 별들이
낮 동안 품었던 희망의 조각들을
하나둘 반짝이며 속삭이는 밤

오월의 마지막 그림자가 드리우고
새로운 시작의 문이 열리려 한다.

나목

찬 바람 세차게 불어오니
까치 한 마리 잔가지에 걸터앉아
움츠렸던 날개를 펼친다

깊은 잠에서 눈 비비는 너
봄소식에 뿌리까지 꿈틀대며
두 팔 벌려 기지개를 켜는데
아직도 겨울은 차갑기만 하구나

가지마다 울어대는 바람 소리
계절의 슬픔은 더해가고
잎을 떨군 자리에는 새 생명 잉태하여
서서히 여린 잎을 피우겠지

후세를 위해 한 자리에서의 기다림
봄 햇살에 추위는 사라지고
넉넉한 마음을 가진 너는 나목이다.

삶에도 눈물이 있더라

새로운 꿈을 꾸듯이
희망을 품고 살아가는 것은
인간이기에 어쩔 수 없이
그 삶의 길을 걷는다

여울목만 뚫어지게 바라보는
왜가리의 기다림은
먹이를 낚아채려는 모습이
느긋함을 보여주는데

비틀거리는 모진 세월은
어김없이 계절을 뿌렸고
꽃도 피었다 어느 날 지고 말더라

영원한 것은 없다지만
삶에도 말 못 할 눈물이 있고
하늘만 탓하며 원망하는
나 역시 그렇게 늙어가더라

부족함을 채워준
버팀목 같은 그 사람
빈자리에 작은 꿈 심어 놓고
서로 위로해 주며 그렇게 살자.

제목 : 삶에도 눈물이 있더라
시낭송 : 박남숙
스마트폰으로 QR 코드를 스캔하면
시낭송을 감상할 수 있습니다

24

그곳에 가고 싶다

마음이 비어
바람마저 서성거리는 오후
눈썹 같은 수평선이
고요히 나를 끌어안는다

파도는 흰 꽃을 피우듯
갯바위에 부서져 웃고
그 웃음 속 깊은 물빛에
옛날의 내가 잠겨 있다

갈매기는
그리움의 편지를 하늘에 흩뿌리고
푸른 물결은 꿈결처럼
두 사람의 발자국을 감춘다

허기진 가슴을
파도가 은빛 이불로 덮어주던 날
나는 아직도
그 바다를 향해 걷고 있다.

인생길

험한 산길 따라
숨 가쁘게 오르다 내려서는
미지의 길 위를 걷는다

오를 때 힘들 듯
내려설 때도 발걸음은 무겁고
산길은 삶의 굽이와 닮아 있다

누구든 인생을 살다 보면
수많은 장애물이 길을 가로막고
쉬운 길은 드물다

산은 스스로 선택한 길
그러나 삶을 살아보면
모든 길이 결국 인생길이 된다

오늘도 발걸음은 이어지고
험한 굽이마다 마음을 다잡으며
길 위에서 나를 만난다.

친구가 부러운 시간

바다는 검은 이불을 덮고
파도는 꿈을 훔치는 도둑처럼
눈꺼풀을 흔든다

새벽의 입김 스미기 전
헬리콥터 굉음이
별빛을 흩트려 놓고
모래 위의 밤은 전쟁터가 된다

한 친구는 숲속 톱질처럼 코를 골고
또 다른 친구는 귀를 닫은 성처럼 잠든다
나는 베개를 품고
고요라는 섬으로 피난 간다

소리를 잃은 친구가 부러운 시간
도망간 잠은 돌아오지 않고
빈 하늘만 올려다보며
밤의 끝을 기다린다.

화장실에서 글 쓰는 남자

문틈 사이 빛 스며들고
침묵 위에 단어가 떨어져
조용히 꽃을 피운다

비좁은 벽 넓은 마음
생각이 파도 되어 부서지는데
응어리진 숨결이 흘러간다

고독 속 영감은 숨 쉬고
손끝에서 시가 새어 나와
보이지 않는 향기로 공기를 적신다

나는 그 안에 머물러
마음을 조용히 풀어내며
작은 글 한 줄 한 줄, 여백을 채운다.

가라면 가야지

바람은 어깨에 이별을 꽂고
노을은 붉은 강물에 젖어 들고
그림자는 먼저 길을 떠나네

구름은 젖은 꿈을 하늘에 띄우고
풀잎은 머뭇거림을 흙에 묻고
강물은 달빛을 삼키네

밤은 지친 마음을 감싸안고
머문 하루는 별빛으로 흩어져
고요가 천천히 내려앉네

가라면 가야지, 잡을 수 없는 날
시간은 저물어 가는 불빛
이별은 노래처럼 흘러가네

멀어지는 나를 하루가 바라보다
한숨 같은 침묵을 내리고
마음은 그 길목에 머무네.

제목 : 가라면 가야지
스마트폰으로 QR 코드를 스캔하면
시노래를 감상할 수 있습니다

당신과 나

당신과 나는 지금 걷고 있잖아
그런데 당신은
사랑이 뭔지 알아

사랑은 둥글게 생긴 걸까
네모지게 생긴 걸까
아니면 길쭉하게 생긴 걸까

난 사랑이 뭔지 모르겠어
나에겐 안 보여
그래도 난 당신이 좋아

당신과 나 함께 걸으니까
아무도 모르는 사람뿐이고
얼마나 좋아

이 길을 걸었다고
먼 훗날 그렇게 말하자
당신과 내가 많이 사랑했다고.

꽃샘바람

강물 일렁이는 물 위를
걸어온 봄바람이
노란 유채꽃을 흔들어 댄다

아름다움에 질투인가
꽃샘바람에 꺾어질 듯
오뚝이처럼 일어서는 꽃은
스스럼없이 피었다 진다

여인의 고왔던 노란 마음
애처롭게 느껴질 때
꿀벌은 꽃 속 숨바꼭질하고

가던 발길 멈추고
아름다움에 홀렸는지
말없이 혼자 사진만 찍어 댄다.

흔적

부모님이 세운 세간집
세 남매의 숨결 깃든 곳
새집이 들어선 뒤 허물어졌다

텃밭에 심은 작은 살림
시대의 변화가 앉힌 그림자
옛 집터는 사라졌지만 남는다

가난 속 젊음으로 버텨 낸 날들
물끄러미 텃밭을 바라보며
살아온 기억이 물결처럼 스민다

힘겹게 모진 세월 속
삶의 굴레에 얽힌 추억
고스란히 담긴 집터, 나의 흔적

밭고랑마다 피어난 이야기
그때의 웃음과 눈물
눈앞에 펼쳐진 아른거림으로 남는다.

그루터기

거울처럼 말간 들길
그침 없이 내리는 비는
우산을 펼쳐 봄을 찾습니다

논배미마다 흐트러짐 없이
오와 열을 맞춘
그루터기는 말이 없습니다

논에 밑거름이 되고자
까맣게 줄지어
썩어 가려고 서 있습니다

봄비 그치고
햇볕 받아 땅이 마르면
트랙터는 갈아엎을 것입니다

아낌없이 내어 주는
그루터기의 삶을 지켜보며
나를 뒤돌아보는 하루였습니다.

 제목 : 그루터기
시낭송 : 조한직
스마트폰으로 QR 코드를 스캔하면
시낭송을 감상할 수 있습니다

헛꿈

다시는 사지 않겠다 다짐했건만
손끝 호기심에 빠져
두 장의 로또는 허공으로 흩어졌다

바보였나, 나
습관처럼 빠져드는 욕망
후회가 은빛 파편처럼 흩날린다

꿈은 꿈일 뿐
홀라당 빠져 멀리 날아간
남모르는 모래알 같은 기대

알면서도 손에 쥔 욕심
순간의 행복은 물거품
달콤한 희망도 결국 헛꿈 속에 사라진다.

배꽃 피던 날

초여름 햇살 속
땀은 살짝 흘러내리고
배밭은 하얀 파도로 일렁인다

꿀벌은 바쁘게 날아
활짝 핀 꽃마다 속삭이며
옆을 돌아볼 겨를이 없다

소담한 배꽃
송이마다 하얀 마음을 담고
실바람에 여린 꽃잎 춤춘다

순수한 여인처럼
곱게 피어난 너의 얼굴
하얀 꽃빛 속에 스며든다

초록 잎 사이로
꽃의 숨결과 너의 마음이
조용히 섞여 흐른다.

버팀목

어린 나무는
바람과 잡초 사이에서
숨 죽인 뿌리를 내린다

사람도 태어나
부모의 손길 없이는
세상에 설 수 없다

옮겨 심은 나무가
죽은 나무 그림자에 기대듯
나는 흔들린다

버팀목 되어주지 못한
애비 마음 안고
낙엽 사이 길을 걷는다

미안함 속에
조용히 뿌리를 내려
바람과 햇살, 세월을 견딘다.

옛 생각

우산 속 비가 속삭이는 월영교
다정한 발걸음이 물결에 닿고
연인들의 웃음은 잔잔한 호수에 스며든다

그 시절 그림자를 따라 걷다 보면
못다 한 말과 숨겨둔 그리움이
물안개처럼 마음에 피어난다

호수 위에 띄운 옛 사연
빛바랜 세월의 편린을 어루만지며
숨죽인 바람이 눈가를 스친다

달빛은 다정히 잔잔한 물결을 타고
잊힌 기억을 은은히 흔들며
시간의 서러움을 달래준다

모든 것이 잠든 밤에도
호수는 기억을 품은 채 잔잔히 숨 쉬고
달빛은 잊힌 사랑을 어루만진다.

여린 마음

노을이 붉게 물드는 해가 질 녘
친구와 둘이 지나온 삶을 얘기한다

산천은 온통 초록으로 물들고
낙동강 물은 유유히 흘러가는데

친구의 불호령 같은 소식을 듣고
용기 잃지 말라는 말만 할 뿐

여린 마음에 혼자 돌아다니면서
남몰래 수없이 울었다는 그 말

야윈 얼굴에 마음을 달래려
노을 지는 먼 산만 멍하니 바라보며

삶에 대한 애착을 비웠다는
힘없는 그 말에 가슴이 아려온다.

카톡 소리

가까이 있어도 멀리 있어도
잊을 수 없는 그리운 사람들

서로 생각하며 보내는 건
카톡이 유일한 징검다리잖아

잊지 않으려 관심을 두는 것도
싫어지는 때가 있는가 봐

관심을 두지 않으려 했지만
인연의 끈을 쉽게 놓지 못해

무관심이 옳은 생각일까를
온종일 생각하며 끙끙거렸지

관심 없이 보내야 하는 것은
더위에 지친 내가 미워지는 하루

그래도 나를 위로하는 건
기다려지는 유일한 카톡 소리뿐.

소금꽃

삶의 무게에 짓눌려
마르지 않는 강물처럼
어느새 새겨진 하얀 소금꽃

어깨 위 짊어진 질곡의 삶
시린 계절 속에 분간할 수 없는
짠 내음 가득한 희미한 미소

메마른 등에 스며들어
쓰라린 아픔을 감싸안고
삶의 무게를 이겨낸 흔적인가

시원한 바람 한 점이
그리워지는 그늘에 앉아
이마에 흐르는 땀을 닦는다.

인동초 사랑

우연한 기회가 만든 인연
누구나 산다는 건
쉽지 않다는 것을 잘 알고 있다

숱한 어려움을 회한으로
가슴속에 숨겨둔 채
살아온 날들을 뒤돌아보며

우여곡절 끝에 찾아온 그대
때늦은 만남을 받아들여
행복을 꿈꾸며 사랑을 배운다

끈질기게 버텨온 삶에도
세월은 나를 버리지 않았는지
짓밟히고 망가진 인생인데

무심했던 하늘도 또 세월도
버려진 나를 일으켜 세워
인동초처럼 그렇게 살라 하네.

제목 : 인동초 사랑
시낭송 : 최명자
스마트폰으로 QR 코드를 스캔하면
시낭송을 감상할 수 있습니다

41

숙명

누구나 바라는 것은
수없이 많지만
현실은 맘대로 되지 않잖아

누구나 바라는 게 있다면
돈이 아닐까 싶은데
사람들은 이미 돈의 노예다

또한 모두가 바라는 것은
건강이고 행복을 꿈꾸지만

맘대로 되지 않는다는 걸
지금 겪으며 살아가지 않는가

주어진 숙명을 어찌하겠어
꼬깃꼬깃 숨겼던 마음 비우고
그렇게 그렇게 살아가자.

가을비는 내리고

비는 서글프게 추적이며
혼자 누워있으니
지난 기억만 아른거린다
자꾸만 더 그리워진다

하늘은 가을을 외면한 채
누군가를 잊은 듯이
기다림에 그리움의 비 뿌리고
마음은 서럽게 졸여온다

보고 싶어 달려가고 싶은
순간의 생각을 달래며
눈을 감고 너를 안아 본다

가을비 내리는 날
숨겨둔 녹슨 기억을
끄집어내어 만지작거린다.

마음의 여백

여백 위에 놓인 마음들은
꽃잎처럼 흩어져
햇살 속에 숨결을 피운다

그러나 기억은
실타래처럼 얽혀
어둠 속에서 무게를 키운다

나는 그 매듭을 풀어
손끝으로 더듬으며
밤마다 바람의 울음을 듣는다

심장은 작은 북이 되어
가만히 나를 두드리고
그 울림은 바다처럼 번진다

이제 나는 향기 한 줄기
글의 씨앗으로 뿌리며
새로운 꽃을 기다린다.

제목 : 마음의 여백
시낭송 : 박영애
스마트폰으로 QR 코드를 스캔하면
시낭송을 감상할 수 있습니다

밤하늘

겨울바람이
살을 에듯이 차갑다

차가운 밤하늘
별들이 부들부들 반짝이며
떨고 있다

이를 지켜보던 구름 조각이
안타까운지 여미는 까만 밤

모질게 울어대며
나뭇가지를 부여잡고
마구 흔들어 추위를 부른다

무심한 계절에 내 마음은
밤하늘에 떠 있는
저 달만 멍하니 쳐다본다.

지심도 여행

동백 우거진 작은 섬
가파른 길 따라 숨을 몰아쉬며
설렘을 푸른 바다가 품는다

조용한 숲길, 전동차는
삶을 위해 바쁘게 움직이고

섬 곳곳 야생화와 옛이야기
빛바랜 흑백 사진처럼 남는다

함께 웃고 걸으며
소중한 시간 속 화목을 경험하고

긴 세월 파도가 깎은 바위와
푸른 바다의 아름다움은
잊지 못할 기억으로 남는다.

니가 왜 그래

바람 한 올 잠든 숲속
너의 마음은 닫힌 호수
깊은 곳엔 파문만 춤춘다

달빛에 숨어 울 잎새
네 눈빛은 흔들리는 별빛
아픈 기억이 널 감싼다

니가 왜 그래 소리 없이 울고 있니
젖은 떨림이 내게 번져와
밤하늘만 너를 안아주네

니가 왜 그래 내 품에 기대어 봐
흐른 눈물도 모두 맡겨 줘
나는 너를 조용히 품으리

고요한 숲을 스친 바람처럼
우리의 밤도 눈물에 젖어
새벽빛 속에 잠들어 가리.

제목 : 니가 왜 그래
스마트폰으로 QR 코드를 스캔하면
시노래를 감상할 수 있습니다

47

멈출 수 없는 시간

올해의 마지막 날
뒤돌아보니
손끝에서 흘러간 날들이 아쉽다

세월은 저만치 달아나
붙잡으려 해도
손가락 사이로 모래처럼 흘러간다

남은 시간마저
마음대로 누리지 못하니
체념이 현실이 된다

흐르는 물결 앞
발버둥 쳐도 소용없음을 알고
주어진 숙명이라 믿으며
조용히 나를 달랜다

풀지 못할 마음의 빗장
언젠가 열리는 날까지
오늘도 나는
흘러가는 시간에 몸을 맡긴다.

추억

가슴속 작은 상자
그 안에 너와 나의 젊은 날이
은빛 먼지처럼 흩날린다

말할 수 없는 이야기들은
호수 밑 고요한 그림자 되어
밤마다 숨결로 떠오른다

설렘은 바람에 실려
골목길 사이로 스며들고
시간은 조용히 미소 짓는다

마음에 남은 잔향
손끝에 닿지 않는 별빛처럼
추억은 나를 품어준다.

잔디 위의 작은 별

푸른 잔디 위
작은 공 하나에 마음을 담아
하늘로 힘차게 띄운다

햇살에 반짝이는 공처럼
우리의 웃음도 빛나
바람 속으로 흩어진다

자연과 함께 숨 쉬며
서로에게 다가가는
따스함이 마음에 내려앉는다

경쟁 대신 배려로
승리 대신 화합으로
오늘은 모두의 마음에 별이 뜬다

잔디 위를 스치는 발걸음
순간의 기억만 남기고
햇살 속으로 녹아든다.

제목 : 잔디 위의 작은 별
시낭송 : 박영애
스마트폰으로 QR 코드를 스캔하면
시낭송을 감상할 수 있습니다

활옥 동굴

동굴로 들어서는 순간
고요히 떨어지는 물방울 소리
오색 불빛만이 길을 안내한다

여며진 옷 사이로 스며드는
차가운 공기는 정화되는 듯
지친 내 몸을 포근히 감싸준다

세월의 흔적이 켜켜이 쌓인
웅장한 암석에 새겨진 서사시를
한 줄 한 줄 읽어 나간다

빛과 어둠이 교차하는 곳
녹슨 세월의 흔적이 남겨지고
떨어지는 물방울 소리가 정겹다

동굴 속 호수 위에 카약의
노를 젓는 웃음소리는
메아리처럼 동굴 속을 채운다

동굴 속의 세상은 꿈속 같더니
꿈에서 깨어난 듯
밝게 살아가는 세상이 더 좋다.

자갈치 시장

굽이치는 파도처럼
밀려드는 사람들의 물결
삶의 향기가 장터를 가득 채운다

거친 풍파를 이야기하며
싱싱한 해산물처럼 빛나는
상인들의 눈빛이 반짝인다

부딪히고 어우러지는
활기찬 웅성거림
마치 삶의 전쟁터 같다

희로애락이 밀려왔다가 사라지는 장터
묵묵히 자리를 지키는 바위처럼
사람들의 얼굴이 그려진다

펄떡이는 활기
싱싱한 기운 속에 피어나는 따스함
끈끈한 정이 유대감을 만든다.

덕유산의 숨결

산등성이 굽이치며
삶의 파도가 마음을 흔든다
내 안에도 물결이 일렁인다

한 걸음, 또 한 걸음
발끝에 스민 바람이
숨은 이야기를 속삭인다

정상에 서니
세상이 손바닥 위에 펼쳐진 듯
가슴이 하늘로 치솟는다

구름에 닿는 봉우리
인생의 꿈처럼 아득하고
희열이 파도처럼 쏟아진다

푸른 나무가 부르는 바람
내 깊은 곳을 어루만지며
영혼의 잔잔한 물결을 남긴다

자연의 웅장함 속에서
나는 작은 별 하나임을 깨닫고
가능성의 빛을 가슴에 품는다.

산은 삶의 힘이다

미지의 산을 오르려면
숨을 몰아쉬며
정상을 향해 나아가야 한다

서로의 버팀목 되어
힘겨운 발걸음을
멈출 수 없는 이유가 된다

땀방울과 웃음이 어우러져
힘들었던 순간도
추억으로 오래 남는다

계곡의 메아리 퍼질 때
인연은 깊어지고
산은 우리를 하나로 묶는다

먼 훗날에도
끈끈한 정은
변치 않는 화합의 힘이 되어
삶을 지탱할 것이다.

바다 위의 촛불

촛대처럼 솟은 바위
푸른 바다를 밝히며
세월을 품는다

파도는 입맞춤으로
하얀 숨결을 흩날리고
시간은 속삭임이 된다

촛농처럼 흘러내린 흔적
바람과 빛이 새긴
오랜 기억의 조각

촛대바위 그 자리
침묵을 은빛으로 물들이며
자연은 마음을 감싼다

묵묵히 바다를 바라보는 바위
하늘에 염원을 띄운
하나의 촛불.

애기똥풀

흙 속에 질긴 뿌리 감추고
앙칼진 생명력 피워내는
들판의 이름 없는 풀
그 이름은 애기똥풀

모진 바람에도 꺾이지 않고
뜨거운 볕에도 시들지 않더니
어느새 피워낸 꽃 한 송이
갓 태어난 아기 손처럼 여리다

탐스럽지 않은 자태에도
금빛 미소 살포시 띠니
들꽃이라 하기엔 너무 귀엽다

강인함 속에 숨겨진 순수
세상에 드러낸 너의 작은 숨결
애기똥풀 그 이름처럼
더없이 사랑스러운 너의 꽃.

나는 울었어

어느 날 슬프고 괴로울 때
말 못 하고 가슴속에 묻어 둔 채

어딘가에 앉아서 미친 듯
소리 내 울고 목이 쉬고
눈시울이 붓도록 나는 울었어

가슴을 오려내듯 아려오는
지난날의 슬픈 사연에
남자의 눈시울이 떨렸지

아파도 너무 아파
속울음으로 나는 울었어

이 모든 게 주어진 숙명이라면
기꺼이 받아들여
이 밤이 새도록 나는 울었어.

제목 : 나는 울었어
스마트폰으로 QR 코드를 스캔하면
시노래를 감상할 수 있습니다

겨울비

얼어붙은 대지를 녹여주는
때 이른 비가 추적이고
봄을 부르며 온종일 내린다

그칠 줄 모르고 서글프게
슬픔의 눈물처럼
하염없이 창가를 서성이고

이 차가운 빗방울들은
세상의 모든 시름을
씻어 내리는 듯 울어 댄다

따뜻한 차 한 잔을 손에 들고
왠지 답답한 마음에
창가에서 먼 산을 바라본다.

석양빛 인생

삶의 무게에 눌린 어깨
석양빛에 붉게 물들어
오늘의 하루를 내려놓습니다

주름진 손마디마다
세월이 흘린 강물이 흐르고
흙냄새 섞인 기억이 고요히 깃듭니다

희미해진 얼굴 속 눈빛은
낡은 사진첩처럼 아련하여
마음을 살며시 흔듭니다

묵묵히 걸어온 인생길 위로
따스한 햇살 한 줄기 내려와
잔잔한 파동을 일으킵니다

세월의 강물처럼 흘러가는 시간
그 안에서 피어나는 그리움은
작은 등불처럼 마음을 밝힙니다.

파크골프

드넓은 잔디밭 위로
작은 공이 굴러가는 모습은
우리의 삶과 같습니다

강 둔치의 세찬 바람에도
멈추지 않는 열정은
씨앗을 뿌리듯 피어납니다
파란 하늘 아래
주고받은 삶의 이야기는
용기와 희망을 주고 있습니다

자연 속에서 펼쳐진
삶의 아름다움은 예술입니다.

새싹

밤새 내린 비가
얼어붙은 대지를 녹이고
새싹이 돋아나는 봄이 찾아왔다

겨울의 흔적을 지우고
긴 잠에서 깨어난 아기처럼
자연은 경이롭고 아름답다

싱그러운 바람이
새 생명의 숨결을 전하며
우리 마음에도 따스함을 불어넣는다

손톱만 한 새싹들이
파릇한 봄날의 풍경을 이루며
희망과 설렘을 가득 안겨준다.

봄은 찾아오는데

삼강마을 범등 아래
낙동강에는 옥색 강물 흐르고
한곳으로 모여든 강물은
반갑다고 서로 부둥켜안는다

모래 위에 아지랑이 피어나는
강가에는 갈대만이
불어오는 봄바람에 하늘거리고

한낮 제방 둑에 앉아서 바라보니
강물만 소리 없이 흐르고
나른해진 눈가에는 졸음이 온다

강 따라 불어오는 찬 바람
옷 속으로 스며들어
이른 봄의 들뜬 가슴속을 녹인다.

서리꽃

나뭇가지에 핀 서리꽃은
계절이 그려낸 예술 작품처럼
숨겨진 아름다움을 드러냅니다

하늘의 별들이 내려앉은 듯
반짝이는 자연의 경이로움과
생명의 끈기를 느낍니다

보석처럼 반짝이는 서리는
겨울의 냉기를 담고 있어
봄을 기다리는 마음입니다

나뭇가지와 풀잎 위에 드리워져
겨울의 냉혹함 속에
숨겨진 아름다움을 드러냅니다

세상이 하얗게 숨을 멈춘 듯
자연이 그려낸 한 폭의 그림을
아침 햇살은 서리꽃을 지웁니다.

빈 지게

내 살아오면서
빈 지게에 짐을 채우려고
온갖 노력을 다해
창고에 잔뜩 모았지

어느 날
채웠던 삶의 창고에는
갑자기 불어닥친
보증 채무라는 엄청난 여파로
인생의 바닥을 보았어

다시 일어서려고
파산이라는 도움으로
새 지게를 짊어지고
지팡이를 잡고 일어나

새로운 짐을 실어 가는데
또다시 자식에게
짐이 되지 않으려고
또 짐을 져야만 했다.

삼천포의 바다

푸른 바다의 속삭임이
마음 깊은 곳까지
울려 퍼지는 곳 삼천포

햇살에 반짝이는
은빛 물결은
마치 꿈결처럼 아득하고

기암괴석의 풍경은
한 폭의 수묵화를
펼쳐 놓은 듯 장엄하다

갈매기의 힘찬 날갯짓은
자유로운 영혼의
비상을 떠올리게 하고

짭조름한 바닷바람은
삶의 고단함을
씻어내는 듯 상쾌하다.

아내의 정원

그대 숨결 스칠 때
마른 마음이 꽃잎으로 번진다
바람 사이로 향기가 흐른다

햇살 같은 눈빛 속
나는 고요히 숨 쉰다
그대 정원의 향기가 되어

물방울 흩어진 미소
빛의 강물이 되어
내 안의 새벽을 흔든다

사랑은 끝없이 피어나는 정원
그대와 나
숨결마다 봄빛이 핀다.

녹슨 마을

노을 물들던 초가지붕 아래
웃음꽃 피어나던 마당엔
빛바랜 슬픔만 쌓여가고

흙 내음 정겹던 오솔길 따라
골목마다 가득했던 재잘거림은
메아리 없는 적막 속에 잠겼다

허물어져 가는 담벼락엔
세월의 흔적이 깊고
이웃의 온기 사라진 옛이야기

텅 빈 들녘엔 그리움만 휘날려
녹슬어 가는 시골 마을
추억 속에 잠긴 채 눈물짓는다.

꽃처럼

마음이 시들어 갈 때
활짝 핀 꽃처럼
다시 피어나길 바라며

가시밭길 속에서도
향기를 잃지 않는 꽃처럼
너도 강인하게
삶을 헤쳐나가길
어둠 속에서도
빛을 발하는 꽃처럼
너의 존재는
이미 충분히 아름다워

비바람에 꺾이지 않고
꿋꿋이 서 있는 꽃처럼
너의 내면에는
무한한 힘이 있어

언젠가 네가 꽃처럼
만개할 날을 기대하며
묵묵히 너의 길을 걸어가.

제목 : 꽃처럼
스마트폰으로 QR 코드를 스캔하면
시노래를 감상할 수 있습니다

삼강주막에 앉아

세 갈래 강물은
세월의 등불을 품고
옛이야기로 흐른다

상처 입은 회화나무는
시간의 얼굴을 안고
초가집에 숨결을 불어 넣는다

처마 아래 햇살은
벽에 새긴 기억을
조용히 어루만진다

바람은 댓잎 사이로
과거의 노래를 흩날리며
귓가에 머문다

주막은 고요한 품
지친 나그네는
삶의 무게를 내려놓는다.

남자가 울 때

가슴속 깊은 호수
잠든 슬픔을 깨우며
나는 미친 듯 울었다

상처는 바람처럼 날카롭고
눈물은 강물 되어
볼을 타고 흘러내린다

아픔이 너무 깊어
손으로 가슴을 부여잡고
속울음으로 어둠을 적신다

이 모든 것이 숙명이라면
별빛 하나 깜빡일 때까지
나는 울었다

그 울음 속에서
너도 나와 함께 울었다.

연인 사이

연인 사이라도
이해와 배려가 없으면
색이 변하기 마련이다

연인 사이에도
상대를 배려하지 못하면
끝이 보이지 않고
미래도 없는
실망으로 빠지고 만다

아름답던 뭉게구름도
한곳에 머무르지 못하고
흘러가거나 사라지듯이

예쁘게 피어난 꽃들도
때가 되면 시들고
잎이 떨어지고 열매를 맺는다

사랑하는 사람에게
사랑이 없다면
사랑이 아닌 위선일 뿐이다.

젖은 그리움

심연의 장막처럼 드리워진 하늘
대지는 묵묵히 터져 나오는
흐느낌에 젖어드는데

빗방울 하나하나가
투명한 눈물처럼 흘러내려
메마른 기억의 틈새를 적시고

세상을 뒤덮은 짙은 안개는
보고 싶음이 켜켜이 쌓인 마음 같아
장맛비는 모든 것을 씻어내며

바람이 실어 나르는 흙냄새
지난날의 그림자 아른거리고
빗물에 잠긴 풍경들을 바라본다.

이팝나무꽃

계절을 잊은 햇살이
봄을 데려와
잎을 피우고 꽃을 피웠다

향긋한 꽃내음은
온몸으로 스며들어
마음마저 설레게 하고

빈틈없이 소복한 꽃은
쌀밥을 담아 놓은 것처럼
큰 감동을 안겨주었지

이팝나무꽃의 아름다움에
내 마음은 홀린 채로
한참을 멍하니 바라보았어

바람은 속삭이듯
이팝나무 가지를 흔들며
아름다운 풍경을 자아낸다.

꽃잎 떨어지니

왠지 떨어지는 꽃잎이
이별의 순간처럼
슬픔을 머금은 듯 초라하다

떨어진 꽃잎 위에
스며든 이슬도 햇살 비추니
눈물처럼 반짝이는데

계절 따라 영원히 기억될
그 아름다움은
짧은 순간 덧없음을 알려주고

비를 맞고 떨어지는
여린 꽃잎은 다시 피어날
순환의 아름다움을 기다린다.

그늘에 앉아

봄은 꽃 따라 떠나고
계절 잊은 더위는
따가운 열기를 마구 뿌린다

이마에 흐른 땀을
조용히 옷소매로 훑이며
나무 그늘에 주저앉을 때

나뭇가지 사이로
시원한 바람 한 줄기
옷 사이로 스며드는 청량함

두 다리 펼쳐놓은 몸속으로
파고드는 시원함은
온 세상 부러울 게 없더라.

초록빛 추억

너라는 그림자를 쫓아
발걸음을 재촉하면
햇살처럼 멀어지는 너

내 숨은 바람이 되어
너를 향한 갈증을 퍼뜨리고
사랑은 풀잎 위 이슬처럼 반짝인다

심장 속 새겨진 이름
지워지지 않는 잉크처럼
온 세상을 물들인다

초록빛 세상 끝까지
달빛처럼 네 뒤를 맴돌고
살가운 바람은
너의 향기를 실어 나른다.

부부의 날

햇살처럼 따스한
네 미소가
아직도 눈에 선명해

함께 걸었던 바닷가
모래알처럼
수많은 추억이 떠올라

어색했던 첫 만남부터
지금까지
한 편의 영화 같아

잔잔하게 불어오는
바람처럼 편안하고

따뜻한 차 한 잔처럼
포근한 우리 사이

앞으로도 지금처럼
서로 아껴주고
의지하며 살아가자.

인연의 향기

어디선가 익숙한 향기가
바람에 실려 왔어

오래된 책갈피처럼
은은하고 포근한 느낌이었지

그 향기를 따라가면
왠지 잊고 있던 소중한 기억을
만날 수 있을 것 같았어

꼭 꿈속에서 본 듯한
풍경 속으로
이끌려 가는 기분이 들었지

그 향기는 아마도
소중한 인연의 흔적일지도 몰라.

청보리밭

따스한 봄 햇살이
뛰어노는 청보리밭에
바람이 파도처럼 일렁인다

영글어가는 보리 이삭은
서로를 껴안은 채
춤을 추며 사랑을 속삭이고

풋풋한 청보리의 향기는
첫 만남의 설렘처럼
청순한 연인의 여린 모습 같다

사랑의 밀어를 속삭이듯
서로 의지하며 몸을 비벼대는
넘실거리는 한 폭의 그림

너를 향한 내 마음은
저 보리처럼 서로 기대어
아름다운 풍경으로 남고 싶다.

제목 : 청보리밭
시낭송 : 박영애
스마트폰으로 QR 코드를 스캔하면
시낭송을 감상할 수 있습니다

79

불두화

가지 끝에 매달려
곱게 피어난 불두화
맑고 투명한 빛을 발하며
주변을 환하게 밝혀준다

겹겹이 쌓인 꽃잎들은
마음속 깊은 곳에
순수함을 말해주고

침묵 속에 피어나는
아름다운 꽃은
고요한 힘을 지니고 있다
비록 열매는 없지만
오래도록 바라보고 싶은
아름다운 꽃이다

초록 잎새 사이로
눈부시게 피어난 꽃잎이
하얀 눈처럼 쌓여 간다.

오월의 마지막 날

바람은 아련한 속삭임으로
지난 한 달의
비밀들을 실어 나르고

푸른 잎은
초록의 물감으로 덧칠한 듯
싱그러운 생명을 토해내지만

그 아래 그늘은
슬그머니 드리워져
다가올 여름의 뜨거움을 예고한다

꽃잎은 춤추듯 떨어져
오월의 꿈들이 흩어지는
잔해처럼 대지 위에 수놓아지고

저녁놀은 하늘을 온통 물들이며
그 속에서 새들은 짧은 노래로
오월의 마지막 장을 덮는다.

농부의 마음

흙을 밟는 발걸음마다
희망의 숨소리가 들려오고
그 작은 희망에 기대어
묵묵히 밭을 갈고 씨를 뿌린다

거친 비바람에 마음 졸이고
가뭄으로 한숨 쉬지만
이 또한 자연의 섭리임을 알기에
묵묵히 순응하고 인내한다

붉게 물든 노을 아래
황금빛 들판을 바라보며
거칠어진 손으로 쓰다듬는 이삭마다
가슴 저미는 감동이 밀려온다

생명의 순환 속에서
이 작은 씨앗 하나가 품고 있는
무한한 가능성을 믿으며
나는 겸허히 내일을 준비한다.

제목 : 농부의 마음
시낭송 : 박영애
스마트폰으로 QR 코드를 스캔하면
시낭송을 감상할 수 있습니다

82

덕산의 큰불

내가 가끔 오르던 덕산은
이제 잿더미가 되어 버렸다

그 많던 나무들, 푸른 잎사귀들
모두 불길 속에 사라지고

앙상한 뼈대만 남은 산등성이
새들은 어디로 떠나갔을까

내가 앉아 쉬던 너럭바위에도
슬픔만이 가득 차 있겠지

발밑을 스치던 풀잎들의 속삭임
불어오던 바람의 시원한 숨결

모두 한때의 추억이 되어
내 가슴속에 아련히 남아 있다

언젠가는 새싹이 돋아나고
새들이 다시 찾아와 노래하겠지

풍양을 포근히 감싸 안은 채
내 마음속 깊이 새겨진 덕산이여.

※ 2023년 2월 28일 내 고향 풍양 덕산에 큰불이 나서
　3일 만에 진화된 산불의 슬픈 기억을 남겼다.

호롱불 아래 서린 추억

고요한 밤 세상은 잠들고
호롱불 심지 위에 꽃핀 불꽃
그 아래 엎드려 책을 읽던 어린 날

어둠을 밝히는 희미한 빛
낡은 책갈피 넘기던 손
졸음에 겨워 깜빡 고개 떨구면

스치는 불꽃에 타버린 머리칼
풋풋한 재 냄새 아쉬움이 컸던 밤

그 시절, 가난했지만
배움의 열정은 호롱불처럼 타올라
밤을 지새우며 꿈을 키웠지

이제는 사라진 호롱불
그 빛 속에 피어난 추억은
가슴속에 따뜻한 불씨로 남아
문득 그리워지는 그 시절.

금계국 꽃길을 걸으며

싱그러운 여름 길가에
황금빛 물결 이는 금계국아
너는 참으로 아름답구나

초록 잎새 사이로 고개 내밀어
햇살 머금은 꽃잎은
눈부신 노란 미소 머금고

바람 실어 흔들리는 몸짓은
흥겨운 춤사위 같아
지나는 이의 발걸음 멈추게 한다

소박한 들꽃이라지만
그 빛깔만큼은 누구보다 찬란하여
세상 모든 시름 잊게 하는구나

금계국아, 너의 아름다움에
내 마음도 황금빛으로 물들고
싱그러운 여름날의 추억이 깊어진다.

새벽 빗소리

밤새도록 창을 울리며
거친 숨소리 같은
빗소리가 새벽을 가득 채운다

어둠 속에 잠긴 세상은
빗물에 씻겨 더욱 선명해지고
내 마음의 먼지들도
함께 씻겨 내려가는 듯하다

가슴 시린 기억들이
빗방울처럼 후드득 떨어지고
외로움은 빗소리에 깊어진다

빗소리는 나에게 말을 건넨다
슬픔도 아픔도
모두 흘려보내라고

새로운 아침은
언제나 다시 찾아올 거라고
촉촉한 새벽 공기 속에서
나는 빗소리에 귀 기울인다.

회룡포의 봄

비룡산은 연둣빛으로 물들고
봄 기운을 머금은 햇살이
회룡포를 가득 채운다

휘도는 강물은 윤슬로 일렁이며
모래사장을 감싸 흐르는데
섬 마을에는 온통 꽃세상이다

수많은 봄꽃은
화려한 자태를 뽐내려고
저마다 아름다움을 자아내더니

수줍은 여린 새색시처럼
꽃잎은 찬바람에 하늘거리며
회룡포의 봄은 자연의 선물이다.

호수

나무 그림자 길게 드리우고
물새 한 마리 고요히 내려앉아
수평선에 작은 파문 그린다

시간은 멈춘 듯 흐르고
수면에 비친 구름은
또 다른 하늘을 만들어낸다

어둠이 내리면
별들이 하나둘 내려와
깊은 물 속에서 반짝이고

달빛은 은은한 길을 열어
밤의 호수에 신비를 더하고
지친 마음은 호숫가에 서성인다

새로운 숨을 쉬는 곳
호수는 그렇게
말없이 모든 것을 어루만진다.

70주년 현충일 날

유월의 하늘은 맑고 푸르지만
오늘은 왠지 모르게
먹먹한 그림자가 드리웁니다

바람결에 실려 오는 아련한 묵념은
조국을 위해 기꺼이 스러져간
수많은 이름을 부릅니다

젊은 넋들이 피워낸 뜨거운 용기
가족의 품을 떠나 지켜낸 자유
우리의 평화가 꽃 피었습니다

호국영령들의 넋이 잠든 땅에는
이름 모를 들꽃들이 피어나
고요히 그들을 위로하고 있습니다

당신들의 헌신을 잊지 않겠노라고
당신은 영웅이었고 빛이었음을
피로 물든 조국의 산하는 기억합니다.

한탄강 Y자 출렁다리

강물 위에 아슬하게 놓인 출렁다리
그 한 걸음 한 걸음 투명한 바닥

두근거리는 심장 아찔한 높이에
숨 멎을 듯 감탄사가 터져 나오고

절경에 홀린 듯 발걸음은 멈추고
한 폭의 그림이 눈앞에 펼쳐진다

협곡 주상절리 병풍처럼 두르고
신비가 뿜어져 나오는 곳

자연의 위대함 앞에 한없이 작아진다
바람결에 실려 오는 강물의 노래

새들의 속삭임 모든 시름 잊고
오롯이 자연과 하나 되는 순간

Y자 다리 위에서 느끼는 아찔함은
가슴 깊이 잊지 못할 추억 한 조각.

달빛 머금은 들길

어둠이 내려앉은 들판
논바닥엔 은빛 달이 걸리고

발걸음마다 물비늘 부서지니
논물은 달을 품에 안는데

풀벌레 소리 아련히 들려오며
멀리 개 짖는 소리 정겹다

세상의 모든 시름 다 잊고
오직 나와 달, 그리고 들길뿐

밤이 깊어질수록
달은 더욱 선명하게 빛나고
내 그림자는 길게 드리워진다

지친 하루 끝에 찾아온 밤
논바닥에 걸린 달은
나에게 슬며시 위로를 건넨다.

월영교(月影橋)

사랑이 피어나는 밤
달빛은 은은하게 물 위에 번지고
속삭임은 추억이 되어 스민다

세월의 흔적 새긴 목교
강물은 변함없이 흐르지만
맺은 인연은 더욱 깊어만 간다

월영교에 깃든 약속
수많은 발자취 스쳐 가도
다리 위에 서면 시간은 멈춘다

그대와 나 숨결만이
영원히 기억될 사랑의 다리
사랑이 서린 월영교를 걷는다.

유월의 장미꽃

유월의 햇살 아래
촉촉한 이슬 머금은
장미꽃이 환하게 웃는다

가만히 눈을 감으면
불어오는 바람결에 실린
달콤한 장미꽃 향기

지나간 시간의 흔적들이
향기 속에 아스라이 피어나
깊이 물들어 가는 유월

장미꽃잎 하나하나에 담긴
그리움과 사랑이
온종일 나를 물들인다.

또 다른 짐

어깨 짓누르던 무게
다 내려놓은 줄 알았는데
세월의 강물 흐를수록
새로운 짐들이 쌓여만 가네

하나둘 늘어가는 흰머리처럼
묵묵히 짊어진 삶의 무게
청춘의 꿈은 저 멀리
아스라이 사라져가고

휘청이는 다리에 힘이 풀려도
놓을 수 없는 이 숙명
서러움 북받쳐 오르는 밤
홀로 견디는 이 고독

그래도 포기할 수 없는 건
아직 끝나지 않은 이야기
무거운 짐 위에 또 다른 짐
그것이 삶이라 말하네.

순수한 개망초꽃

여름 햇살 내려앉을 때면
하얗게 피어나는 작은 숨결들

바람 한 조각 스칠 때마다
가벼이 흔들리며 속삭이는 소리

앙증맞은 꽃잎 하나하나가 모여
새하얀 뭉게구름을 빚어낸 듯

흙냄새 짙은 둔치에 뿌리내려
세상 시름을 다 잊은 듯 웃음을 짓는데

한 송이 한 송이가 이룬 군락은
하얀빛 비단을 펼쳐 놓은 듯

덧없이 피고 지는 들꽃이라지만
내 마음에 시들지 않는 꽃이었다.

너의 생각

별 하나 젖어 사라진 밤
너의 발소리
내 심장에 빗방울처럼 떨어진다

바람에 실린 오래된 꽃향기
골목마다 스며드는 그리움
빛바랜 필름처럼 번져 간다

강물 위 떠도는 작은 배
달빛을 흘려보내며
손 닿지 않는 너를 향해 미끄러진다

새벽녘, 달이 기울고
풀잎마다 이슬이 눈물처럼 맺히면
나는 또, 너의 생각 속에 잠긴다.

어머니는 꽃이다

어머니는 꽃이다
어떤 비바람에도 꺾이지 않고
오뚝이처럼 다시 일어서는
강인함으로 피어납니다

어머니는 꽃이다
메마른 세상에 향기를 불어넣고
가시 돋친 말 한마디 없이
사랑만 건네주는 존재입니다

어머니는 꽃이다
모진 추위를 온몸으로 막아내며
자식이라는 열매를 맺기 위해
뜨겁게 피어나는 사랑입니다

어머니는 꽃이다
이 세상 어떤 꽃으로도 다 표현 못 할
숭고하고 아름다운 사랑
내 삶의 가장 빛나는 한 송이 꽃입니다.

사랑 속에 핀 꽃

짙은 안개 속에서도 희미하게
빛나는 한 송이 꽃처럼
사랑은 어둠 속에서도 피어납니다

가시밭길일지라도
사랑이 있다면 두려움 없이
나아갈 수 있는 용기를 얻습니다

마음 깊은 곳에서 자라나는
따스함은 세상을 향한
시선을 부드럽게 바꿉니다

서로에게 기쁨을 주고
슬픔을 나누는 과정에서
사랑은 더욱 견고해집니다

진실한 사랑은
마음에 깊은 뿌리를 내리고
영원히 시들지 않는 꽃으로 피어납니다.

잔디밭에 바람났네

늦깎이 파크골프 채 휘두르며
세월이 묻은 얼굴에
장난기 어린 바람이 분다

희끗한 머리칼 쓸어 넘기니
숨죽인 일상들이
잔디 위에서 깔깔 웃는다

감춰둔 열정이
잔디처럼 불쑥 솟아올라
눈빛에 장난스러운 파도를 일으킨다

오늘 하루, 공 대신 마음을 띄운다
잔디밭에 바람났네
나도 모르게 싱긋 웃는다.

정상에 서면

산맥의 품에 안기니
숨결마저 산의 호흡이 되어 흐르고
능선은 인생의 굴곡처럼 굽이칩니다

정상에 서면
모든 근심은 구름이 되어 흩어지고
마음은 하늘과 맞닿아 고요히 숨을 쉽니다

바위마다 새긴 세월의 주름 속에서
자연의 위대함과 겸손이 만나
가슴 깊이 잔잔한 감동이 스며듭니다

오른 자만 아는 마음
한 걸음 또 한 걸음 내디딘 도전은
끝없는 삶의 길로 이어집니다

산이 전하는 묵직한 메시지는
바람처럼 구름처럼
조용히 마음에 남아 숨을 쉽니다

정상을 오르는 순간
세상과 나 그리고 산이 하나 되어
작은 경이로움이 가슴에 번집니다.

제목 : 정상에 서면
시낭송 : 박영애
스마트폰으로 QR 코드를 스캔하면
시낭송을 감상할 수 있습니다

가을비 속 그리움

혼자 누운 마음
안개처럼 스며
얼굴 위를 스치고
그리움은 점점 깊어집니다

하늘은 가을을 잊은 듯
차가운 빗줄기를 쏟아
기다림을 적십니다

보고 싶은 마음
길 잃은 새처럼 흔들리며
순간의 바람에 몸을 맡깁니다

눈을 감으면
숨결이 품속으로 흘러
조용히 마음을 감쌉니다

가을비 내리는 낮
빗소리는 말 없는 편지
서럽게 스며드는 그리움입니다.

인연의 텃밭

마음 깊은 골짜기 정원 하나
조용히 인연의 씨앗을 심습니다

겨울바람이 창을 스칠 때
살포시 손길로 씨앗을 감쌉니다

봄 햇살에 새싹이 얼굴 내밀면
설렘으로 잎사귀를 어루만집니다

여름 태양 뜨거워도 마음 목마르니
조심스레 물을 부어 기댑니다

가을 단풍처럼 마음 빛 물들 때
꽃 한 송이 피우려 애씁니다

눈물과 웃음 뒤엉킨 정성은
삶의 정원에 가장 빛나는 별입니다

피어난 꽃잎마다 그리움 스며
온 정원 향기는 영원히 남습니다.

이끼 낀 얼굴

세월의 강물 잔잔히 흘러
이끼처럼 얼굴 위 흔적을 남기고
시간은 조용히 내 안에 스며든다

검버섯 내려앉은 기억
지난날 속삭이는 그림자
돌아보면 아련히 흔들리는 마음

옹이 박힌 나무처럼
검게 그을린 상처 속에서
삶이라는 꽃이 피고 진다

되돌릴 수 없는 시간 앞
아쉬움만 쌓이지만
모든 흔적이 나를 이루었다

오늘도 나는 서 있다
이끼 낀 얼굴 위로
세월의 강물 속 흔적을 안고.

달그림자

강물 위로
달그림자 길게 드리우면
세상은 고요한 은빛의 그림이 된다

흔들리는 물결 조각들
내 마음 깊이 스며들어
사무친 그리움으로 일렁인다

바람결 따라 번져 오는 소리
강 건너 풀벌레의 울음은
잊힌 추억을 흔들며 눈물로 피어난다

달빛이 머문 자리
홀로 선 시간은 영원히 길어지고
못다 한 이야기는 그림자 속에서
아련한 꽃처럼 피어난다.

비화(飛火)

며칠 밤낮
매캐한 연기는 목구멍을 할퀴고
숨 쉴 때마다 가슴 저미는 고통이
들숨과 날숨 사이에 스며듭니다

멀리서 들려오는 헬기 소리는
심장을 파고드는 날카로운 비명 같아
피 끓는 절규처럼 가슴을 후려칩니다

분노한 바람은 불꽃을 등에 업고
산을 넘고 마을을 집어삼키며
숲은 붉은 용암처럼 녹아내리고
집들은 순식간에 잿더미로 변합니다

삶의 터전은 한순간에 사라지고
불덩이는 미친 듯 날아다니며
집어삼키는 탐욕스러운 괴물 같습니다

잿더미 속에서도 새싹은 돋아나고
상처 입은 마음은 희망으로 움틀 테니
그날의 아픔을 우리는 기억할 겁니다.

능소화 열정

누가 감히 그대를 여리다 했던가
시린 바람에도 고개 숙이지 않는
굳건한 의지로 피어난 불꽃

세상 모진 풍파 다 겪은 듯
더욱 붉게 타오르는 주황빛 열정

차마 다 말하지 못한 회한일랑
가슴에 품고 견딘 세월의 흔적이
꽃잎을 더 선명히 물들이고

눈물 머금은 듯 촉촉한 이파리는
고통 속에서 얻은 지혜인가
담쟁이처럼 엉겨 붙어 오르며

포기하지 않는 그대 모습에서
오늘도 나는 삶의 이유를 배우네.

시화 꽃피던 날

한낮의 태양은 머리를 내리치고
메마른 바람은 후끈한 한숨을 내쉰다

등줄기를 타고 흐르는 땀은
어느새 강물 되어 흐르고

온몸을 휘감은 옷은 축축한 미역처럼
살갗에 들러붙어 숨통을 조여온다

시인들의 눈빛은 열기 속에서도
별처럼 반짝이고 땀방울 하나하나가
삶의 아름다움을 노래한다

그렇게 시인들은
뜨거운 여름을 온몸으로 받아들이며
월영교 강물에 시의 꽃을 피워냈다.

조각난 기억

어둠을 달리는 말 그림자
스친 시간은 별빛 조각처럼 흩어지고

솜털 같은 꿈은 바람에 실려
푸른 하늘 저 너머로 사라져 버린다

타오르는 불꽃 심장은
거센 바람에도 꺼지지 않고

햇살에 피어난 꽃처럼
향기 머금은 채 노을 속에 젖는다

깊은 강물처럼 흐르는 슬픔
눈물 되어 마음 밑바닥을 적시고

이제는 고요한 호수 되어
조각난 기억을 반짝이며 담아낸다.

초간정의 울림

계곡 위 떠 있는 정자
세월의 굽이 따라 번뇌를 씻고
마음의 깊이만 남는다

묵향 서재, 책장 사이로
선비의 숨결 스며들어
지혜의 향기 번진다

꽃처럼 피어난 풍경 속
바람과 햇살이 속삭이는 이야기
시간은 은은히 웃는다

거울 같은 정자
지친 마음 비치고
나를 만나는 샘이 된다

영원의 바위 위 초간정
과거와 미래를 잇는
조용한 시 한 편처럼 울린다.

꽃은 꽃이라도

붉은 꽃잎에 마음을 빼앗기지만
아름다움 뒤에 서린 눈물
숨은 가시와 바람을 아는 이는 드물다

햇살 아래 빛나는 꽃 한 송이지
밤이면 조용히 시들고 아파하는 마음
누군가 닿아주길 바라는 그리움

겉으로는 환한 미소를 짓지만
때로는 무너져 내리는 고요한 순간들
숨겨진 진짜 나를 보여주고 싶다

피어나고 또 지면서 다시 피는 꽃처럼
상처를 품어도 사랑을 믿는 마음
꽃도 나도 그렇게 조금씩 자라가리라

꽃은 꽃이라도 모두가 다르기에
서로의 빛과 그림자를 품으며
서로를 닮아가고 위로하며 살아간다.

인생, 그렇게 살면 안 돼

모래성 같은 하루라도
파도에 무너지면 다시 쌓고
숨결은 바람에 흩어져도
다시 길을 찾아 흐른다

갈대처럼 흔들리는 마음도
젖은 낙엽 같은 눈빛도
그 안에 아직 따스한 빛이 숨어 있음을 잊지 말라

굳게 닫힌 가슴속 불꽃도
어둠에 갇혀 돌다 멈추지만
언젠가는 다시 타오를 날이 있다

깊은 밤 별빛이 깨어
잊힌 길을 밝혀 주듯
너의 삶 또한 새벽으로 향한다

어제의 먼지를 가볍게 털어내고
햇살처럼 일어서라
그때 너의 인생은 무지개로 피어나리라.

가리왕산

비단결 구름 위
숨 쉬는 바다 아득히 흐르고

겹겹의 산등성이
푸른 파도처럼 일렁일 때
숲은 거인의 손금 같다

안개는 베일을 드리우고
향기는 어머니 품처럼 나를 감싼다

정상에 서면
나는 바람과 한 몸 되어
가리왕산이 된다.

달빛 스며든 마음

너의 마음이
바람결에도 아릿하면
나는 별빛 닮은 숨결로
어둠을 쓰다듬는다

눈물은 진눈깨비처럼 차갑지만
이제는 봄눈처럼
천천히 녹아내리고
마음 깊이 스며드는 햇살처럼

너의 아픔이
가시덤불 사이 핀 들꽃이라면
나는 조용히 피어난
솔바람이 되어 곁을 지킨다

매운 기억이
마음을 할퀴어도
잊지 말라
가슴에도 햇살 한 줌이 머문다는 것을.

세상일이란

한여름 태양 아래
나른한 꿈 한 조각 밀려와
운명의 수레는 나른히 흔들리고
종이배가 되어 거친 강을 떠돈다

부서진 시간의 파편 속에서도
우리 숨결은 멈추지 않고
별빛 같은 친구들의 눈은
아무도 다치지 않게 은은히 빛난다

세상일이란 예측할 수 없는 강줄기
고요한 호수와 폭풍우를 품고
운명의 장난처럼
각기 다른 물길로 우리를 흘려보낸다

오늘이라는 햇살 아래에
기적처럼 움튼 소중한 하루를 싣고
우리는 조용히 다시 떠난다
끝없는 바람결 따라, 종이배처럼.

그냥 그래

바람이 멎은 오후
가지 끝 마지막 낙엽 하나
세상의 끝처럼 흔들린다

불 꺼진 마음 골목에서
눈물은 조용히 흘러
창가에 기대어 빗방울이 된다

길을 잃은 별빛은
자신을 잊은 채
고독 속에 숨어 웃는다

닿을 듯 잡히지 않는
바람의 손길만
빈 가슴을 스치며 지나가고

머물지 못한 마음들이
흩어지는 소리
그래, 그냥 그런 거야.

그래서 넌 그런 거야

눈부신 한낮에도
바람 따라 흔들리지 않는
숲속 깊은 그늘 같은 사람

세상은 소란스러워도
너의 가슴속엔
달빛처럼 고요한 강이 흐르고

때로는 눈물이
새벽이슬로 맺혀
햇살에 투명하게 녹아내리는 사람

말하지 않아도
봄꽃처럼 스며와
메마른 땅에 숨결을 불어 넣고

그래서 넌 그런 거야
조용히 와서
누군가의 마음을 살리는 사람.

인생 그렇게 살지 마

닫힌 서랍 속 편지처럼
빛 한 줄도 받지 못한 채
잊히지 마라

돌담에 기대선 잡초처럼
누가 밟아도 묵묵히
숨만 쉬는 날들로 살지 마라

차라리 비바람에 부서져도
푸른 파도로 달려라
부서진 물결 속에서만
삶은 빛난다

오늘이 마지막 불씨라면
망설임 없이 하늘로 날려라
인생, 그렇게
잠든 재처럼 살지 마라.

내가 어때서

바람 스친 들판에
외로운 별 하나 피어나
하늘빛을 삼켜 울고 있었지

저녁노을 젖은 강물
느린 숨결로 흘러
내 마음을 붉게 물들이고

풀잎 같은 네 눈동자
낯선 바람에 흔들리다
잠시 내 그림자를 스칠 때

그저 서 있는 나
스쳐 간 구름 같은 너
이제 기억 속으로 흩어진다.

제목 : 내가 어때서
스마트폰으로 QR 코드를 스캔하면
시노래를 감상할 수 있습니다

구름에 길을 묻다

하늘은 끝없는 바다
구름은 흘러가는 배
내 마음은 길 잃은 돛단배

바람은 귀에 속삭이며
숨은 길을 손짓하고
내 발걸음을 흔든다

안개 속 꿈들은 숨어 있고
구름은 흘러가는 지도
나는 그 물결에 길을 묻는다

눈을 감아 귀 기울이면
구름은 미소로 대답하고
내 마음의 불빛을 밝혀준다

길 없는 길 위에서
나는 조용히 묻는다
"어디로 가야 할까?…"

허기진 그늘

한낮 들판은 거대한 화로
바람조차 혀를 말아 삼키고
햇살은 땅에 못을 박는다

팔뚝을 굴러내린 땀
깨진 유리알처럼 반짝이며
논바닥에 작은 강을 남긴다

논두렁은 불씨의 계단
발끝마다 불꽃이 피어나고
길은 아지랑이 속에서 흔들린다

그늘은 끝내 돌아오지 않는다
나는 내 그림자를 안고
목마른 마음만 깊어진다.

들꽃처럼 살고 싶다

발아래 무심히 피어나
바람 부는 대로 몸을 맡기네

흙 한 줌에 기댄 작은 숨결이
하늘을 향해 수줍게 웃어

누구도 이름 묻지 않아도
스스로 색을 내고 향을 뿜으니

화려한 온실 속 장미보다
들녘에 스민 이슬 닮았네

비바람 맞아도 꺾이지 않고
해 지는 노을에 스러질지언정

내일 또 피어날 약속 없이
오늘의 빛을 온전히 사는 것

욕심 없이 기대 없이
그저 주어진 자리에서 피어나는
들꽃처럼 살고 싶다

가없는 자유로움으로 있는 그대로.

친구야, 고맙다

한낮의 꿈이 바위에 부서져
잠깐의 어둠이 나를 삼켰을 때
너희는 별빛처럼 내 곁을 지켜 주었어.

찢긴 차와 흘린 땀 사이로
여름바람 같은 우정이 스며들어
말없이 내 어깨를 새벽처럼 일으켰지

세월의 흙을 일구던 친구들
먼지 쌓인 내 마음도 털어 주며
노을의 웃음을 함께 건넸잖아

삶은 언제나 예고 없는 파도지만
너희의 손길은 등불이 되어
길 잃은 나를 집으로 데려왔었어.

친구야, 고맙다
남은 길에도 바람처럼 곁에 서서
서로의 노을을 끝까지 지켜 가자.

제목 : 친구야, 고맙다
시낭송 : 박영애
스마트폰으로 QR 코드를 스캔하면
시낭송을 감상할 수 있습니다

122

날개 접은 인생

하늘을 가르던 날개도
어느 오후엔 바람을 놓고
조용히 가지에 기대어 서더니

흘러간 구름의 그림자처럼
우리 삶에도 쉼표가 찾아와
날개를 접어야 하는 날이 있더라

그 전엔 더 높이 더 멀리
태양의 숨결을 스치며
끝없는 푸름을 품고 날았지

바람이 멎어도 괜찮다
하늘의 기억을 품은 날개는
여전히 꿈속에서 날고 있으니까.

삶의 뿌리

뿌리 깊은 나무처럼
삶은 흙에 스며들고
바람도 살며시 귀 기울이며

논두렁은 시간의 길
발걸음마다 이야기꽃 피우고
햇살은 눈 부신 약속이 되어

손끝에 묻은 고단함
땀방울은 별이 되어 떨어지고
밤하늘은 조용히 품어주네

풀잎 사이 속삭임은
자연의 숨결로 노래하고
내 마음도 그 안에 깃들어

풍양(豊壤)은 내 마음의 씨앗
소박한 꿈 자라나는 땅
내 삶의 뿌리가 된 곳이다.

옆지기

하늘이 매단 인연
빛과 그림자가 스며든 숲에서
나는 바람결에 떨리는 나무였다

멀리 뻗은 마음의 가지마다
사람들은 잎처럼 흩어지고
빈 숲에는 슬픈 달빛만 남았다

장독대 위 고인 빗물은
구름 틈을 흘러간 회한이 되어
서러움처럼 내 안에 스며든다

남겨진 건 오직 옆지기의 숨결
바람 따라 그림자가 되어
어둠 속을 함께 걸을 뿐이다.

백록담

하늘과 닿은 바람이
푸른 숨결로 내 어깨를 감싸고

세월을 견딘 바위 위에
사내의 이름 하나 새겨진다

한라산 정상에 서니
빛과 어둠이 어우러져
햇살 속에 반짝이고

가슴 깊이 스며드는 바람
세상은 잠잠하고
오직 내 안의 목소리만 남는다.

잊힌 기억

어둠 속 촛불
손 틈새로 흘러가는 모래알 같은 그림자
지난날의 흔적을 스친다

희미한 웃음 아련한 눈빛
낯선 얼굴 하나
가슴에 이름 모를 슬픔을 남긴다

시간의 강물은 쉼 없이 흐르고
새로운 물결이 덮어
잊힌 기억은 연기처럼 흩날린다

붙잡지 못한 운명
아픈 이별은 바람결에 실려
가끔 문득 남은 향기로 스며든다.

새벽길 우정

어둠은 지평선 뒤로 흘러가고
이슬 맺힌 잔디는 은빛 파도로 흔들리며
바람 속에서 속삭인다

웃음은 잔디 위를 스치고
새벽빛이 발걸음마다 번지며
자유가 가슴속으로 스며든다

여름 더위조차 숨을 고르고
친구와 나는 길 위를 달리며
발자국 사이로 새벽의 숨결이 흐른다

오늘도 내일도
그림자가 되어
푸른 잔디 위에 우정을 새기고
마음속 여름을 오래도록 남긴다.

별빛에 누운 바다

부두에 누운 몸 위로
철썩이는 파도 소리
심장을 두드리며 깊게 스민다

어두운 하늘은 검은 장막
그 위에 또렷한 별빛은
잊었던 꿈처럼 빛나고

바다는 별빛을 끌어안아
윤슬로 흩뿌리며
내 마음을 흔들어 놓는다

설레는 물결 따라
가슴은 파도와 함께 뛰고
별빛에 젖은 시간이 흘러간다

이 순간 나는
바다와 별 사이에 놓인
하나의 작은 빛이 된다.

풍양 아지매

햇살에 그은 얼굴
깊은 주름은
세월이 흘린 강물 같고

구부정한 허리에
엉거주춤한 걸음걸이
구부러진 손마디는
땅에 스며든 햇살 같아

마음 착한 수줍음에
하루를 웃고 살지
봄볕처럼 따스한 아지매

허름한 옷자락에
흥얼대는 콧노래로
고된 삶을 웃는구나

땅에 인정 심어 놓고
들 마다 핀 들꽃처럼 살아도
인심 좋은 풍양 아지매
아지매가 나는 좋더라.

제목 : 풍양 아지매
스마트폰으로 QR 코드를 스캔하면
시노래를 감상할 수 있습니다

골안개

새벽빛 스며든 골
안개는 숨결처럼 일렁이고
세상 경계는 서서히 녹아 흐른다

나무는 잠든 꿈을 안고
바람조차 살며시 숨을 죽이며
속삭임은 닿을 듯 멀다

보이지 않는 손길
땅과 공기를 어루만지며
정적은 물결처럼 잔잔히 번진다

골안개 속 아련한 그리움
사라진 시간을 품고
마음은 은은한 물결로 깨어난다.

쌍무지개

먹구름 걷히자
햇살이 세상을 쓰다듬고

하늘에 걸린 일곱 빛 다리
마음은 숨죽여 바라본다

빗물 머금은 대지 위
꿈처럼 피어난 무지개
아픔과 슬픔은 씻겨 내려간다

손 닿을 듯 아득한 빛
내 안의 작은 씨앗을 흔들어
희망으로 깨어나게 한다.

비 오는 날의 추억

창가에 내린 빗방울
잊힌 시간을 흔드는
은빛의 손길

작은 우산 아래 웅크린 나는
물웅덩이에 하늘을 담고
그때의 온기를 가슴에 품는다

어른이 된 지금
흐르는 빗줄기는 기억의 실타래 되어
흩날린 추억을 감싸안고

마음속 깊이 새겨진
빗속의 포근함은
오늘도 나를 적신다.

2월

새해라며 난리법석을 떨더니
벌써 한 달이 지나고
일 년 중의 두 번째 달이다

얼었던 땅이 비를 맞으며
서서히 녹아드는
2월은
겨울인지 봄인지 헷갈리는 계절이다

고즈넉한 묵정밭 귀퉁이에
뽀얀 몸을 숨긴 냉이
호미 든 여인이 내딛는 발소리에
봄은 기지개를 켠다

2월은
소중한 생명으로 잉태 되어
내가 태어난 달
만물을 소생시키려는 비가 내린다.

여명

어둠이 바다를 삼키고
붉은 숨결이 수평을 긋는다

잠든 별빛이 흔들리고
그리움이 날개가 되어 허공에 흩날린다
기억은 바람 속으로 녹아든다

붉은빛이 심장을 적시고
삶은 첫 숨을 내쉰다

안개 속 숨결
새벽은 조용히 열린다.

이 밤도 너를

깊은 밤하늘 별빛 하나
내 마음을 스치고
바람은 숨결처럼 다가와 머문다

흔들리는 창가 불빛에
밀려드는 기다림
고요 속에 기대어 속삭인다

이 밤도 너를 기다린다
끝없는 어둠을 건너서
내 마음, 별빛 되어 닿고 싶어

사라지지 않는 이름
내 안에 불꽃처럼 남아
꿈처럼 너를 부른다, 이 밤도 너를

이 밤도 너를 기다린다
끝없는 어둠을 건너서
내 마음, 별빛 되어 영원히 비춘다.

희망을 품어라

돈의 그림자 속
사람들은 바람을 쫓고
부자의 꿈은 모래 위 잔물결

욕심이라는 바위를 내려놓으면
빈 마음의 연못 위로
햇살과 달빛이 춤춘다

가짐과 버림, 사이
하늘과 땅이 살짝 맞닿듯
웃음과 눈물이 서로를 품는다

영원한 부자도
끝없는 가난도
시간이라는 강물에 흘러간다

작은 희망 하나 품으면
운명은 조용히 발걸음을 맞추고
그 위로 햇살이 내려 마음을 채운다.

웃어주는 여자

펼쳐진 자연 속에
술래잡기처럼
웃음꽃은 피어나고

잡힐 것만 같은
느긋한 마음으로
서서히 대화를 나누지

함께하는 시간 동안
애교가 넘쳐서
순간을 즐겁게 해 주는

어색하면서도
따스한 정이 가는 것은
웃어주기 때문이며

짧은 순간이지만
오래도록 머물 수 있는
마음속의 인연이었기를.

흔들리는 갈대

바람은 매서운 채찍으로
강가를 두드리지만
갈대는 부러지지 않습니다

그 몸짓은 항복이 아니라
바람의 말을 알아듣는 춤
흔들림 속에 숨은 지혜입니다

뿌리는 보이지 않는 심장처럼
젖은 흙을 꼭 껴안고
흐르는 세월의 발자국을
조용히 읽어냅니다

부드러움은 약함이 아니라
바람에도 부러지지 않는 힘
흔들려서 끝내 살아남는 길입니다.

바람 소리

창밖에 스치는 바람 소리가
마음을 어루만지고

나뭇잎들이 바람에 흔들리며
속삭이는 듯한 소리를 낸다

그 소리는 잊힌 멜로디처럼
아련하게 들려오며

바람은 계절의 변화를 알리는
전령사처럼 다가오는데

곧 다가올 가을의 향기를
바람 소리에서 느낄 수 있다

바람 소리에 귀 기울이면
세상의 모든 소음이 사라지는 듯

자연의 아름다운 음악을 감상하며
깊은 숨을 들이마셔 본다.

싸락눈

세상은 고요한 수면에 잠기고
하늘에서 내리는 싸락눈은
겨울의 은밀한 속삭임 같다

섬세한 싸락눈은
나뭇가지와 땅 위에 하얀 붓질처럼 쌓이며
은빛 꿈결을 그려낸다

차갑지만, 아름다운 싸락눈은
겨울의 정취를 더욱 깊게 수놓고

섬세하며 날카로운 싸락눈은
나뭇가지에 쌓여 아름다운
순백의 그림을 만들어낸다.

여자였기에

여자는 아름답게 살고 싶지만
자식을 낳아 먹여 살리느라
젖가슴은 멍이 들었지

옷으로 부끄러운 몸매 감춘 채
회한의 시련과 아픔은
가슴에 옹이가 박힌 것인가 보다

농익은 꽃처럼
세월을 탓하며 애써 잊으려는지
저마다 얘기로 너스레가 펼쳐지고

여자의 슬픔을 치마폭에 싸서
말끔히 씻어 버리며
돌아서는 여인이 자랑스럽다.

흩날리는 기억

가을바람 스치면
추억이 낙엽처럼 흩날리고
내 마음은 창밖 빗소리 속에 젖는다

희미한 발자국 따라
함께 걷던 길도 점점 멀어지고
어둠 속 꺼져가는 촛불처럼 사랑도 사그라진다

다시 피어나지 못할 꽃처럼
이별의 아픔만 가슴에 스미고
흩어진 꽃잎처럼 기억은 내 안에서 춤춘다

희미한 빛 사이로
당신의 모습은 점점 멀어지고
남은 향기만 깊은 슬픔을 안겨준다.

흔들려야 꽃이 핀다

기영석 제3시집

2025년 9월 29일 초판 1쇄
2025년 10월 1일 발행
지 은 이 : 기영석
펴 낸 이 : 김락호
디자인 편집 : 이은희
기 획 : 시사랑음악사랑
연 락 처 : 1899-1341
홈페이지 주소 : www.poemmusic.net
E-Mail : poemarts@hanmail.net

정가 : 12,000원
ISBN : 979-11-6284-612-4

이 책은 한국예술인복지재단의 창작지원금 선정으로 발간한 책입니다.